BEI GRIN MACHT SICH IHR WISSEN BEZAHLT

- Wir veröffentlichen Ihre Hausarbeit,
  Bachelor- und Masterarbeit

- Ihr eigenes eBook und Buch -
  weltweit in allen wichtigen Shops

- Verdienen Sie an jedem Verkauf

Jetzt bei www.GRIN.com hochladen und kostenlos publizieren

Sportanlagen- und Sportstättenmanagement. Planung, Finanzierung und digitale Vermarktung

GRIN☺

Bibliografische Information der Deutschen Nationalbibliothek:

Die Deutsche Nationalbibliothek verzeichnet diese Publikation in der Deutschen Nationalbibliografie; detaillierte bibliografische Daten sind im Internet über http://dnb.d-nb.de abrufbar.

ISBN: 9783346897183
Dieses Buch ist auch als E-Book erhältlich.

© GRIN Publishing GmbH
Trappentreustraße 1
80339 München

Druck und Bindung: Books on Demand GmbH, Norderstedt Germany
Gedruckt auf säurefreiem Papier aus verantwortungsvollen Quellen

Das vorliegende Werk wurde sorgfältig erarbeitet. Dennoch übernehmen Autoren und Verlag für die Richtigkeit von Angaben, Hinweisen, Links und Ratschlägen sowie eventuelle Druckfehler keine Haftung.

Das Buch bei GRIN: https://www.grin.com/document/1367462

Deutsche Hochschule für
Prävention und Gesundheitsmanagement
Hermann Neuberger Sportschule 3
66123 Saarbrücken

Einsendeaufgabe

Fachmodul:	Sportanlagen- und Sportstättenmanagement
Studiengang:	BSÖ
Datum Präsenzphase:	25.05.2021 – 28.05.2021
Studienort:	**Stuttgart**
Semester:	**WS18**

Inhaltsverzeichnis

1   Sportanlagen- und Sportstättenbau

In der folgenden Tabelle werden die verschiedenen Bauschritte von der Marktanalyse bis zur Inbetriebnahme einer Sportstätte dargestellt. Dabei ist zu beachten, dass die Standortwahl und die Sportverhaltens- und Nutzeranalyse zeitgleich stattfinden.

Tabelle 1: Projektplanung (Eigene Darstellung)

Phase	Dauer (in Monaten)	Vorgänger	Nachfolger
A: Markt- und Bedarfsanalyse	2	/	B, C
B: Standortwahl	1	A	D
C: Sportverhaltens- und Nutzeranalyse	3	A	D
D: Raumprogramm und Funktionsanalyse	1	B, C	E
E: Konzeptualisierung mit Kostenschätzung und Betriebskostenanalyse	4	D	F
F: Machbarkeit und Finanzierung klären	6	E	G
G: Planung und Festlegung der Baudetails	8	F	H
H: Realisierung des Baus	14	G	I
I: Betrieb der Sporthalle	> 12	H	/

In den folgenden Abbildungen wird der Bau einer Sportstätte grafisch dargestellt. Die verschiedenen Phasen sind mit den Buchstaben aus Tabelle 1 gekennzeichnet. Mit Hilfe der PLANNET-Technik, lassen sich die einzelnen Phasen und deren jeweilige Dauer darstellen. Der zeitliche Zusammenhang der einzelnen Phasen wird mit einem verbindenden Strich gekennzeichnet. Mögliche Pufferzeiten ergeben sich durch nicht farbig gekennzeichnete Bereiche. In der Netzplantechnik werden die Phasen und Zeitpunkte, an denen diese beginnen und enden, in einer aufeinander folgenden logischen Reihenfolge dargestellt.

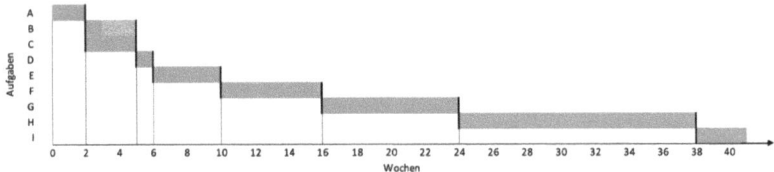

Abbildung 1: PLANNET-Technik (Eigene Darstellung)

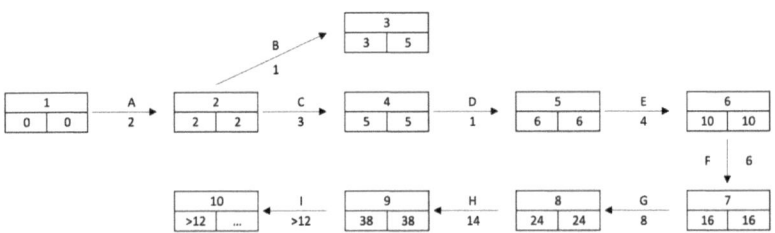

Abbildung 2: Netzplantechnik (Eigene Darstellung)

Aus den vorherigen Abbildungen wird ersichtlich, dass Ereignis B einen Puffer von 2 Monaten hat. Die Schlussfolgerung aus Abbildung 1 und Abbildung 2 ist, dass die Sportstätte anhand dieses Plans nach 38 Monaten in Betrieb genommen werden kann.

2 Kommunale Sportentwicklungsplanung

2.1 Grundformel zur Berechnung des Sportstättenbedarfs

Im Folgenden wird die Grundformel zur Berechnung des Sportstättenbedarfs dargestellt.

$$\frac{\text{Sportbedarf (Sportler x Häufigkeit x Dauer) x Zuordnungsfaktor}}{\text{Belegungsdichte x Nutzungsdauer x Auslastungsfaktor}} = \text{Sportstättenbedarf}$$

Abbildung 3: Grundgleichung zur Berechnung des Sportstättenbedarfs (Hübner, Wulf, 2015, S.2)

In der Grundformel zur Berechnung des Sportstättenbedarfs sind verschiedene Parameter enthalten, die nachfolgend erläutert werden. Der Zähler setzt sich aus dem Sportbedarf und dem Zuordnungsfaktor zusammen. Der Sportbedarf setzt sich aus den Parametern

5/18

der Sportler, welche den Sport ausüben, der Häufigkeit der Sportereignisse, die innerhalb einer Woche durchgeführt werden und der zeitlichen Dauer der einzelnen Sportereignisse. Für die Häufigkeit und die Dauer wird der Durchschnittswert gewählt (Bundesinstitut für Sportwissenschaft, S.74, 2000). Der Nenner besteht aus der Belegungsdichte, der Nutzungsdauer und dem Auslastungsfaktor. Die Belegungsdichte zeigt wie viele Sportler ein Spielfeld gleichzeitig nutzen sollten, wie viele Stunden eine Sportanlage genutzt wird oder genutzt werden sollte und zeigt die tatsächliche Nutzungsdauer beziehungsweise den Belegungsfaktor. Mithilfe der Nutzungsdauer kann der Betreiber die Anlagenkapazität beeinflussen. Der Auslastungsfaktor zeigt wie stark die Sportanlage ausgelastet ist (Hübner, Wulf, 2015, S. 14ff).

2.2 Berechnung des Sportstättenbedarfs

In der folgenden Berechnung werden der Sportbedarf und der Auslastungsfaktor der Stadt Mannheim für den Fußballsport berechnet.

2.2.1 Vorgegebene Werte

Tabelle 2: Vorgegebene Werte (Eigene Darstellung)

Sportler	24000
Häufigkeit (je Woche)	1,5
Dauer (Stunden/Einheit)	1,8
Zuordnungsfaktor	0,5
Sportstättenbedarf	70
Belegungsdichte	25
Nutzungsdauer (Stunden/Woche)	30

2.2.2 Berechnung des Sportbedarfs

Sportbedarf = 24000 x 1,5 x 1,8 = 64800

Der Sportbedarf liegt bei 64800.

2.2.3 Berechnung des Auslastungsfaktor

$$\frac{64800 \; x \; 0,5}{25 \; x \; 30 \; x \; X} = 70$$

$$\frac{32400}{750 \; x \; Y} = 70$$

$$32400 = 52500 \; x \; Y$$

$$\frac{32400}{52500} = Y$$

$$0,62 = Y$$

Der Auslastungsfaktor beträgt 0,62.

2.3 Förderinteressen

Die Aussage über Förderinteressen muss kritisch betrachtet und differenziert analysiert werden. Nachfolgend werden sowohl die Förderinteressen der Bundesregierung, als auch die der Bundesländer und Kommunen untersucht und bewertet.

Die Bundesregierung Deutschland fördert hauptsächlich den Spitzensport (Hrsg. Bundesministerium des Inneren (BMI), 2020c). Die finanzielle Unterstützung der Bundesregierung kann es nach dem Subsidiaritätsprinzip nur ergänzend geben. Zudem setzt eine erfolgreiche Sportförderung eine Zusammenarbeit der Organisationen mit den öffentlichen Stellen voraus. Die Förderung der Bundesregierung dient zur Ermöglichung optimaler Trainings- und Wettkampfbedingungen. Die Spitzensportler tragen mit ihrem Erfolg zum Ansehen Deutschlands in aller Welt bei. Sie motivieren andere, wie zum Beispiel junge, alte, behinderte oder nicht behinderte Menschen durch ihre Leistung, ihnen nachzustreben. Der Breitensport ist eine gesamtstaatliche Angelegenheit. Die Länder und Kommunen übernehmen die Aufgabe der Förderung der rund 24 Millionen Mitglieder der Turn- und Sportvereinen (Hrsg. BMI, 2020b). Auf der Ebene der Kommunen und Länder handelt es sich bei der Sportförderung nicht nur um direkte Zuwendungen, sondern auch um indirekte Zuwendungen, wie zum Beispiel Steuererleichterungen oder Steuerfreibeträge. Zusätzlich bezieht sich die Förderung des Breitensports auf die Verbesserung der Rahmenbedingungen. Bevor die Förderung des Bundes in Anspruch genommen werden kann, müssen alle Finanzierungsmöglichkeiten ausgeschöpft werden. (Hrsg. BMI, 2020a).

3 Finanzierung und Betrieb von Sportanlagen

3.1 Investition und Finanzierung

Der TV Niederensingen realisiert in Zusammenarbeit mit der Kommune im Jahr 2015 den Neubau einer Dreifachsporthalle. In der folgenden Berechnung wird der Kapitalwert und die Barwerte der einzelnen Jahre berechnet. Die Laufzeit beträgt fünf Jahre.

Tabelle 3: Berechnung der Kapitalwerte und Barwerte mit dem Excel-Programm (Eigene Darstellung)

Zinssatz	12%			
Abzinzungsfaktor	1,12			
Zeitpunkt	Ausgaben	Einnahmen	Cashflow	Barwert
0	3000000,00€	0,00€	-3000000,00€	-3000000,00€
1	100000,00€	60000,00€	-40000,00€	-35714,29€
2	103000,00€	69000,00€	-34000,00€	-27104,59€
3	106090,00€	79350,00€	-26740,00€	-19033,00€
4	109272,70€	91252,50€	-18020,20€	-11452,16€
5	112550,88€	104940,38€	-7610,51€	-4318,41
Summe:			-3126370,71€	-3097622,45€

3.1.1 Berechnung der Barwerte

$B_1 = -40000,00€ * 1,12^{-1} = -35714,29€$

$B_2 = -34000,00€ * 1,12^{-2} = -27104,59€$

$B_3 = -26740,00€ * 1,12^{-3} = -19033,00€$

$B_4 = -18020,20€ * 1,12^{-4} = -11452,16€$

$B_5 = -7610,51€ * 1,12^{-5} = -4318,41€$

Die Barwerte befinden sich alle im Minus-Bereich. Das bedeutet, dass die Einnahmen der Sportanlage geringer als die Ausgaben sind. Erkennbar ist, dass die Barwerte von Jahr zu Jahr weniger im Minus sind.

3.1.2 Berechnung des Kapitalwerts

$K = -3000000€ + B_1 + B_2 + B_3 + B_4 + B_5 = -3103784,43€$

Nach dem fünften Jahr beträgt der Kapitalwert -3103784,43€. Das bedeutet, dass die investitionsbedingten Kosten nach fünf Jahren gestiegen sind. Somit ist ersichtlich, dass die investitionsbedingten Ausgaben inklusive der Verzinsungskosten erst über mehrere Jahre erwirtschaftet werden können.

3.2 Auslastungsanalyse einer Sportanlage

In Sporthallen werden in der Regel viele verschiedene Sportarten ausgeübt. Um alle beteiligten Sportarten zufrieden zu stellen, ist eine rationale und gerechte Nutzung der Halle Voraussetzung. Zur effektiven Auslastung der Halle ist ein Belegungsplan anhand einer Auslastungsanalyse zwingend erforderlich. Bei einer Auslastungsanalyse werden die Ist-Nutzungsdauer, die Soll-Nutzungsdauer, die Ist-Sportler$_{insgesamt}$ und die Soll-Sportler$_{insgesamt}$ als Kriterien berechnet und bewertet. Bei der Ist-Nutzungsdauer werden die tatsächlich genutzten Zeiträume addiert und der Soll-Nutzungsdauer gegenübergestellt. Bei den Ist-Sportlern und den Soll-Sportlern wird dies gleichermaßen gehandhabt. Beim Belegungsplan werden die Ist-Sportlerstunden und die Soll-Sportlerstunden untersucht. Dadurch lässt sich der Auslastungsgrad und die entsprechende Reserve bestimmen.

Tabelle 4: Belegungsplan einer Sporthalle (Eigene Darstellung)

Belegungszeitraum	Belegung				
				Belegungsdichte (Spo/A)	
	Stunden	Sportart	Ist-Sportler	Soll-Sportler	
Montag 17:00-18:30 Uhr	1,5	Handball	14	12	
Dienstag 20:00-21:30 Uhr	1,5	Keine Belegung	0	15	
Mittwoch 19:00-21:30 Uhr	2,5	Basketball	15	20	
Donnerstag 20:00-22:00 Uhr	2	Fußball	18	15	
Freitag 19:00-20:00 Uhr	1	Badminton	5	15	
Maximale Nutzungskapazität: 83%					

3.2.1 Berechnung der Ist-Nutzungsdauer und der Soll-Nutzungsdauer

Ist-Nutzungsdauer

1,5h + 2,5h + 2h +1h = 7h

Soll-Nutzungsdauer

1,5h + 1,5h + 2,5h + 2h +1h = 8,5h

3.2.2 Berechnung der Ist-Belegungsdichte und der Soll-Belegungsdichte

Ist-Sportler

14 + 15 + 18 + 5 = 52

Soll-Sportler

12 + 15 + 20 + 15 + 15 = 77

3.2.3 Berechnung der Ist-Sportlerstunden und der Soll-Sportlerstunden

Ist-Sportlerstunden insgesamt

$(1,5h*14) + (2,5h*15) + (2h*18) + (1h*5) = 99,5h$

Soll-Sportlerstunden insgesamt

$(1,5h*14) + (1,5h*15) + (2,5h*15) + (2h*18) + (1h*5) = 135,5h$

3.2.4 Berechnung der Auslastung und der Reserve

Auslastung

99,5 / 135,5 = 0,734 * 100 = 73,4%

Reserve

83% - 73,4% = 9,6%

Die Sporthalle ist nach dem aktuellen Belegungsplan zu 73,4% ausgelastet. Es besteht eine Reserve von 9,6% bis zur maximalen Auslastung.

3.3 Auslastungsoptimierung

In der folgenden Tabelle wird die Auslastungsoptimierung des Belegungsplans dargestellt.

Tabelle 5: Optimierter Belegungsplan einer Sporthalle (Eigene Darstellung)

Belegungszeitraum	Belegung				
				Belegungsdichte (Spo/A)	
		Stunden	Sportart	Ist-Sportler	Soll-Sportler
Montag 17:00–18:30 Uhr		1,5	Badminton	5	12
Dienstag 20:00– 21:30 Uhr		1,5	Handball	14	15
Mittwoch 19:00– 21:30 Uhr		2,5	Fußball	18	20
Donnerstag 20:00- 22:00 Uhr		2	Basketball	15	15
Freitag 19:00-20:00 Uhr		1	Keine Belegung	0	15
Maximale Nutzungskapazität: 83%					

3.3.1   Berechnung der Ist-Nutzungsdauer und der Soll-Nutzungsdauer

Ist-Nutzungsdauer

1,5h + 1,5h + 2,5h + 2h = 7,5h

Soll-Nutzungsdauer

1,5h + 1,5h + 2,5h + 2h + 1h = 8,5h

3.3.2   Berechnung der Ist-Sportler und der Soll-Sportler

Ist-Sportler

5 + 14 + 18 + 15 = 52

Soll-Sportler

12 + 15 + 20 + 15 + 15 = 77

3.3.3   Berechnung der Ist-Sportlerstunden und der Soll-Sportlerstunden

Ist-Sportlerstunden insgesamt

$(1,5h*5) + (1,5h*14) + (2,5h*20) + (2hx15) = 103,5h$

Soll-Sportlerstunden insgesamt

$(1,5h*5) + (1,5h*14) + (2,5h*20) + (2h*15) + (1h*15) = 135,5h$

3.3.4   Berechnung der Auslastung und der Reserve

Auslastung

103,5 / 135,5 = 0,764*100 = 76,4%

Reserve

83% + 76,4% = 6,6%

3.3.5   Fazit der Auslastungsoptimierung

In der Auslastungsoptimierung werden die einzelnen Sportarten getauscht, um eine größtmögliche Auslastung zu erzielen. Badminton wird auf Montag verschoben, da 12 Sportler anwesend sein sollen, aber nur fünf wirklich kommen. Somit wurde Badminton auf den Tag mit der niedrigsten Soll-Sportler Belegung verlegt. Handball wird auf Dienstag verlegt, da am Montag die Soll-Sportler Belegung zu niedrig ist. Da im Fußball die höchste Ist-Sportler Belegung ist und am Mittwoch die höchste Soll-Sportler Belegung besteht, wird dies auf Mittwoch verlegt. Der Donnerstag bietet die exakte Soll-Sportler Belegung für den Basketball mit 15 Soll-Sportlern. Daher wird der Basketball dementsprechend verlegt. Da am Freitag die geringste Belegungszeit zur Verfügung steht, ist die Halle an diesem Tag nicht belegt. Durch die Optimierung des Belegungsplan wird die Auslastung um 3% gesteigert. Die Gesamtauslastung beträgt jetzt 76,4%, wodurch die Sporthalle noch eine Reserve von 6,6% hat. Um die Sporthalle noch mehr auszulasten, müssten die Ist-Sportler den Soll-Sportlern entsprechen und eine weitere Sportart die Sporthalle am Freitag belegen.

3.4   Nachhaltigkeit von Sportstätten

Die aufgestellte These muss aus verschiedenen Perspektiven betrachtet werden. So zeigt eine Studie, dass bei der Planung und Durchführung der Olympischen Spiele oft nicht nachhaltig gearbeitet wurde. Andererseits gibt es auch Beispiele, bei denen die Organisation der Olympischen Spiele ein nachhaltiges Konzept hervorgebracht haben und dieses umgesetzt wurde. Dennoch lässt sich sagen, dass jede Sportgroßveranstaltung auf dem Austragungsgelände ihre Spuren hinterlässt (Müller et. Al, 2021). Nachhaltigkeit mit Bezug auf Sportstätten bedeutet die Realisierung eines umwelt- und sozialverträglichen wirtschaftlichen Erfolgs unter gleichwertiger Berücksichtigung der Nachhaltigkeitsdimensionen. Die drei Nachhaltigkeitsdimensionen „ökologisch", „ökonomisch" und „sozial" bilden das sogenannte „Drei-Säulen-Modell der Nachhaltigkeit" (Hrsg. Bundesinstitut für Sportwissenschaft, 2017, S. 14). Bei der ökologischen Nachhaltigkeit handelt es sich um die Lebensgrundlage der Menschen, das ökologische System, welches erhalten bleibt. In der Betriebswirtschaft stellt sich die Frage, wie umweltschonenden Maßnahmen die Kosten gesenkt werden können oder ein Wettbewerbsvorteil entstehen könnte. In der ökonomischen Nachhaltigkeit geht es um die Steigerung und Erhaltung der Leistungsfähigkeit und eine ständige Verbesserung der Wirtschaftlichkeit (Corsten, Roth, 2012, S. 4). Bei der sozialen Nachhaltigkeit handelt es sich um den gerechten Zugang zu den Grundgütern und der Gewährleistung von Verwirklichungschancen. Das betrifft vor allem die sozial schwachen Gruppen und Individuen. Zu den Grundgütern zählen Toleranz, Solidarität, Gemeinwohlorientierung und der Rechts- und Gerechtigkeitssinn (Linne, Schwarz, 1987). Um Olympische Spiele austragen zu können, muss eine Stadt mit hohen finanziellen und organisatorischen Belastungen rechnen. Die Vergangenheit zeigt, dass die Gesamtkosten der Olympischen Spiele mehrere Milliarden Euro betragen. Der ursprüngliche Kostenvoranschlag für die Olympischen Spiele in London lag bei rund zwei Millliarde Euro. Nach einer Neukalkulierung durch zum Beispiel Sicherheitskosten, stieg das Budget auf 11,7 Milliarde Euro. Um eine Verschuldung der Stadt zu verhindern, wurde ein Aufsichtsgremium aus zwei staatlichen Organisationen gegründet. Dieses Gremium kontrollierte die Vorbereitung und Durchführung der Olympischen Spiele. Das LOCOG (London Organisation Committee of the Olympic Games) war für die Durchführung zuständig. Das vorhandene Budget von 2,32 Milliarde Euro konnte durch anteilige Fernsehgebühren, Eintrittskarten und Sponsorengelder komplett refinanziert werden. Die ODA (Olympic Delivery Authority) hatte die Aufgabe der Überwachung der Planung, der Vorbereitung, der Erstellung der Infrastruktur und der Überwachung des ökologischen Vermächtnisses. Das Budget der ODA lag bei 10,55 Milliarden Euro woraus 3,24 Milliarde Euro als Rückstellung dienten. Die Rückstellung wurde nicht verwendet und ging daher direkt ans Finanzamt zurück. Die restlichen 6,3 Milliarde Euro wurden zu 80% für die Hinterlassenschaft der Olympischen Spiele verwendet und zu 20% für direkt zugeordnete Infrastrukturmaßnahmen und die Umwandlung des Parks. Es gibt verschiedene Argumente, die für eine Bewerbung und Austragung der Olympischen Spiele sprechen. In München waren die Olympischen Spiele 1972 der Auslöser für eine neue Infrastruktur. Es wurde eine neue U-Bahn gebaut und die Stadt- und Sporthallen konnten im Anschluss weiter genutzt und erhalten werden. Das Olympische Dorf konnte ebenfalls weiter genutzt werden. Die Olympischen Spiele und die darauffolgende Fußball-WM

1974 trugen dazu bei, dass München als internationale Metropole zu sehen ist. Für die Olympischen Spiele in Barcelona wurde die Stadt renoviert, wodurch eine Kulturmetropole entstand. In vielen Stadtteilen wurden Sanierungsarbeiten durchgeführt und durch das olympische Dorf entlang der Küste entstand ein neuer Stadtteil (Hrsg. Deutscher Bundestag, 2014). Die Vergangenheit hat gezeigt, dass die Flächen und Bauwerke der Olympischen Spiele, außer bei einigen Ausnahmen wie Barcelona oder München, nach den Spielen nicht mehr genutzt werden. Aufgrund von hohen Instandhaltungskosten beginnt in der Regel dann ein Verfall der Sportstätten und des olympischen Dorfes, sodass diese in der Regel nicht mehr nutzbar sind. Seit den Olympischen Spielen in Atlanta, durch die die Stadt einen Imageverlust einstecken musste, wird zunehmend auf eine temporäre Infrastruktur zurückgegriffen. Auch wenn es viele negative Beispiele im Sinne der Nachnutzung gibt, werden die Olympischen Spiele weiterhin stattfinden. Bei der Vergabe der Austragungsorte sollte genau überlegt werden, wer es wird und ob eine nachhaltige Nutzung umsetzbar ist. Die Olympischen Spiele in London 2012 sind dafür ein gutes Beispiel, denn die Stadt hat im Voraus zwei Masterpläne vorgestellt. Der Masterplan 1 definierte alle Baumaßnahmen für die Veranstaltung. Im Masterplan 2 wird die nachhaltige Nutzung nach den Spielen aufgezeigt. Die nachhaltige Nutzung wird bereits im Voraus geplant und nach der Veranstaltung erfolgreich umgesetzt (Grewe, 2012, S.41). Bei Betrachtung der These lässt sich schlussfolgern, dass trotz des positiven Verlaufs der Spiele wie zum Beispiel in London oder München, die Nichtdurchführung der Olympischen Spiele in vielerlei Hinsicht nachhaltiger ist. Die für die Durchführung notwendigen finanziellen Mittel könnten effizienter für nachhaltige Projekte investiert werden. Die drei Säulen der Nachhaltigkeit sollten generell in Betracht gezogen werden und nicht nur bei eventuell anstehenden Großveranstaltungen.

4 Digitale Vermarktung von Sportanlagen und Sportstätten

In der folgenden Tabelle werden die Möglichkeiten der Digitalisierung in einem Profihandballclub dargestellt.

Tabelle 6: Möglichkeiten der Digitalisierung (Eigene Darstellung)

Möglichkeit	Mehrwert Betreiber	Mehrwert Fans	Mehrwert Sponsoren
Catering-App	- Aufgrund der Datensammlung der App, kann man die Nutzer und ihr Verhalten analysieren und die eigenen Leistungen dementsprechend optimieren und abstimmen. - Größerer Nutzen für den Kunden	- Schnelle Abwicklung des Bestellvorgangs - Bezahlung ohne Bargeld möglich - Service direkt an den eigenen Sitzplatz, wodurch keine Wartezeit in der Schlange entsteht - Fokus kann besser auf das Spiel gerichtet werden.	- Durch die Nutzeranalyse können individuelle Angebote, entsprechend der Zielgruppe übermittelt werden. - Die App kann als Werbeplattform verwendet werden
Stadion-App	- Direkte Verbindung zu allen Social-Media-Kanälen, um das Ereignis direkt zu teilen. - Aufgrund der Datensammlung der App, kann man die Nutzer und ihr Verhalten analysieren und die eigenen Leistungen dementsprechend optimieren und abstimmen.	- Dauerkartenbesitzer können ihre Karte und ihren Parkausweis direkt in der App erhalten und müssen nur den QR-Code vorzeigen - Bestellungen können vom Sitzplatz aus getätigt werden - Während des Spiels können Statistiken und Wiederholungen abgerufen werden.	- Aktionen sind über die App abrufbar - Durch eine Standortbestimmung kann zum Beispiel der Fan-Shop die Zuschauer begrüßen und
WLAN	- Anpassung der Leistung durch Nutzeranalyse	- Optimale Verbindung um das Erlebnis zu teilen	- Anpassung der Leistung durch Nutzeranalyse

Möglichkeit	Mehrwert Betreiber	Mehrwert Fans	Mehrwert Sponsoren
	- Durch eine gute Verbindung zum Internet kann das Erlebnis geteilt werden und - Optimale Nutzung der Stadion-App und der Catering-App	- Optimale Verbindung für die Nutzung der Stadion-App und der Catering-App	
LED-Leinwand im Stadion	- Durch Werbung Steigerung Sponsorenanzahl - Mehr Einnahmen für den Verein	- Unterhaltung für die Fans - Abwechslung vor dem Spiel - Durch Analysierung der Fans Anpassung der Werbung umsetzbar	- Durch bewegte Bilder erfolgt größere Aufmerksamkeit - Sponsoren profitieren mit einer gute Produktpräsentation

Mit einem WLAN-Zugang für die Fans können die Nutzer und ihr Verhalten analysiert werden. Anhand dessen besteht eine Optimierungsmöglichkeit der eigenen Leistungen. Durch eine gute Verbindung zum Internet besteht die Möglichkeit das Erlebnis zu teilen. Über eine Stadion-App kann das Erlebnis direkt auf den Sozialen Medien geteilt werden. Die App kann mit den Konten verknüpft werden, wodurch die Handhabung erleichtert wird. Für Dauerkartenbesitzer besteht die Möglichkeit, sich mit der App einen Parkausweis zu kaufen und mit einem QR-Code ins Stadion einzutreten. Für Sponsoren ist es einfacher auf bestimmte Aktionen aufmerksam zu machen. Für die Fans werden bestimmte Coupons angezeigt, welche für einen gewissen Zeitraum zur Verfügung stehen. Durch die Standortbestimmung und das Bewegungsverhalten des Fans kann die Werbung weiter angepasst werden. Der Fan-Shop kann den Besucher begrüßen und die Werbung des Imbiss-Stands um die Ecke des Stadions verabschiedet den Fan, sobald er das Stadion verlässt. Mit einer Catering-App lässt sich das Nutzerverhalten ebenfalls analysieren und das Angebot optimieren. Durch die Analyse der Bestellungen geht hervor, was die Fans während dem Spiel essen und trinken möchten. Die Fans können alles vorbestellen und zu ihrem Platz bringen lassen, wodurch es keine langen Wartezeiten in der Pause gibt. Mit der App lässt sich bargeldlos durch eine Verknüpfung zu PayPal oder dem eigenen Bankkonto bezahlen. Die App kann ebenfalls als Werbeplattform für die Catering-Firma genutzt werden. Durch das kostenlose WLAN sind die Apps optimal nutzbar.

Auf LED-Leinwänden im Stadion wird während des gesamten Spiels Werbung der Sponsoren ausgestrahlt. Durch eine ständige Ausstrahlung von Werbung wird die Anzahl der Sponsoren gesteigert. Während der Pause dient die Werbung zur Unterhaltung der Fans und sorgt für Abwechslung zum Spiel. Durch eine Analysierung der Fans ist eine optimale Werbeausstrahlung möglich. Für die Sponsoren bietet sich durch eine LED-Leinwand die Möglichkeit für eine optimale Produktpräsentation durch bewegte Bilder, welche mehr Aufmerksamkeit auf sich ziehen.

5   Literaturverzeichnis

Bundesministerium des Inneren für Bau und Heimat (BMI). (2020a). *Die Finanzierung des Sports.* Zugriff am 9.6.2021. Verfügbar unter: http://www.bmi.bund.de/DE/the-men/sport/nationale-sportpolitik/foerderung-spitzensport/finanzierung-des-sports/finanzierung-des-sports-artikel.html?nn=9393332

Bundesministerium des Inneren für Bau und Heimat (BMI). (2020b). *Sportförderung.* Zugriff am 9.6.2021. Verfügbar unter: http://www.bmi.bund.de/DE/themen/sport/nationale-sportpolitik/foerderung-spitzensport/sportfoerderung-node.html

Bundesministerium des Inneren für Bau und Heimat (BMI). (2020c). *Sport.* Zugriff am 9.6.2021. Verfügbar unter: http://www.bmi.bund.de/DE/themen/sport/sport-node.html

Corsten, H. & Roth, S.. (2012). *Nachhaltigkeit als integriertes Konzept.* (S. 1–13). Wiesbaden: Gabler Verlag. https://doi.org/10.1007/978-3-8349-3746-9_1

Deutscher Bundestag. (05.08.2014). *Sportliche Großveranstaltungen als Wirtschaftsfaktor.* Zugriff am 9.6.2021. Verfügbar unter: https://www.bundestag.de/resource/blob/410208/65fa321d2ffcb5278cf493c47da4ab0d/wd-10-051-14-pdf-data.pdf

Grewe, K. (2012). *Die Olympischen Spiele von London 2012 als strategisches Ziel der Stadterneuerung und Vorbild einer effizienten Bürger beteiligung, 7.*

Hübner, H. & Wulf, O. (2015). *Sportstättennachfrage und Sportstättenangebot für den*

Hallensport in Münster.

Köhl, W. & Bach, L. (2006). *Leitfaden für die Sportstättenentwicklungsplanung: Kom-*

mentar (Schriftenreihe Sportanlagen und Sportgeräte Planungsgrundlagen) (1. Aufl.).

Köln: Sport & Buch Strauß.

Linne, G. & Schwarz, M.. (2003). *Handbuch Nachhaltige Entwicklung.* Wiesbaden: VS

Verlag für Sozialwissenschaften. https://doi.org/10.1007/978-3-663-10272-4

Müller, M., Wolfe, S. D., Gaffney, C., Gogishvili, D., Hug, M. & Leick, A. (2021). *An*

evaluation of the sustainability of the Olympic Games. Nature Sustainability, 4(4),

340–348. https://doi.org/10.1038/s41893-021-00696-5

6 Abbildungs- und Tabellenverzeichnis

6.1 Abbildungsverzeichnis

6.2 Tabellenverzeichnis

BEI GRIN MACHT SICH IHR
WISSEN BEZAHLT

- Wir veröffentlichen Ihre Hausarbeit,
  Bachelor- und Masterarbeit

- Ihr eigenes eBook und Buch -
  weltweit in allen wichtigen Shops

- Verdienen Sie an jedem Verkauf

Jetzt bei www.GRIN.com hochladen
und kostenlos publizieren